经典分层阅读

水的春天

本书编写组 —— 编

一年级

上海科学技术文献出版社
Shanghai Scientific and Technological Literature Press

图书在版编目（CIP）数据

水的春天 / 本书编写组编 . — 上海：上海科学技术文献出版社 , 2022
ISBN 978-7-5439-8554-4

Ⅰ . ①水 … Ⅱ . ①本 … Ⅲ . ①阅读课—小学—教学参考资料 Ⅳ . ① G624.233

中国版本图书馆 CIP 数据核字 (2022) 第 041816 号

选题策划：张 树
责任编辑：苏密娅
封面设计：合育文化

水的春天
SHUI DE CHUNTIAN
本书编写组 编
出版发行：上海科学技术文献出版社
地 址：上海市长乐路 746 号
邮政编码：200040
经 销：全国新华书店
印 刷：商务印书馆上海印刷有限公司
开 本：650mm×900mm 1/16
印 张：9.25
字 数：83 000
版 次：2022 年 7 月第 1 版 2022 年 7 月第 1 次印刷
书 号：ISBN 978-7-5439-8554-4
定 价：45.00 元
http://www.sstlp.com

总序

真正的阅读，快乐的阅读

在基础教育阶段，即中小学教育阶段，语文学科不同于其他学科，有着特别重要的意义。

人类文明的积累和发展，建立在文字的基础之上。离开了文字，文化就无法积累，无法传承，一切现代文明都将不复存在。承担母语教育任务的语文教育，自然是一切教育的基础。

中小学语文，应该包括两项基本内容：一是掌握语言文字的表达能力，能熟练运用文字这个最重要的工具；二是培养对文学的喜爱，提高文学的鉴赏能力。这两项内容又是互相交叉、互相渗透的。因为最生动的语言一般都在经典的文学作品中，这也是语文课本大量选择文学作品的理由。

要学好语文，最要紧的，是要喜欢语文。只有喜欢语文，喜欢美文，喜欢文学，才能领略到文字的魅力，也才有可能自己写出准确生动的文字来。

遗憾的是，由于语文考试命题的日益"科学化"和

"精细化"，以考试为指挥棒的语文教育，已经异化为对文章进行肢解式的分析，对所谓"考点"的猜测分析和应对（做大量的模拟考试题）。这样的阅读，离开了文章的内在逻辑，离开了文学阅读的本原含义，完全谈不上欣赏、体验文章的美感，而是从根本上摧毁了学生对文学的兴趣，对语文学习的兴趣。许多学生厌恶语文，讨厌阅读，这是语文教育异化的必然结果；也是语文教育可悲的失败。

任何学习，都必须建立在兴趣的基础之上。没有兴趣，是绝对不会有好的学习效果的。编辑这套书，最重要的目的，就是想在现有的语文教材之外，编选一些好文章，让学生在离开考试桎梏的心情下读一读，来领略文字的神奇魅力，来恢复对语文的兴趣。

读这些文章不需要做什么分析，不用去考虑什么主题、结构，你只要去欣赏，只要去感受语言的美、意境的美、情感的美、细节的美、思想的美、逻辑的美……如果你能够从内心深处感悟到，文章居然可以写得这么好啊，写文章是这么有意思啊！那么，我们的目的就达到了。

但是，世界上的好文章实在太多了；对好文章的理解也是见仁见智，没有完全一致的标准。由于编选者阅读范围以及鉴赏水平的限制，尽管在这套读本的编选过程中征求了不少作家和教育专家的意见，一定还是难免有很多遗珠之憾；也可能有些文章选得不很得当。我想，如果能让学生提高了阅读的兴趣，那么，更多的好文章，以及无法选入这个读本的长篇作品，学生们自己会去寻找，会去发现。阅读是一辈子的事情，重要的是要有真正的阅读，离开了考试阴影的快乐的阅读。让我们从这套书开始吧！

本书编写组
2022 年 4 月

总序　真正的阅读，快乐的阅读

目　录

春光好

吴研因

作者介绍

吴研因，近现代教育家。

主要著作有《小学国语新读本》《基本教育》及教育论文多篇。

一

春光好，春光多好！山水表示欢笑。山像眉毛巧俏，水像眼睛清妙，他十分爱悦春光好。

二

春光好，春光多好！花鸟表示欢笑，花在风中娇袅，

鸟在枝头舞蹈，他十分赞美春光好。

三

　　春光好，春光多好！万物都在欢笑。日暖风轻雨悄，草长虫飞鱼跳，都十分衬托春光好。

1923 年 4 月

（选自《儿童世界》第 6 卷第 1 期）

水的春天

[苏联] 普里什文　著　薛　菲　译

 作者介绍

　　米哈伊尔·米哈伊洛维奇·普里什文，20世纪苏联文学史上极具特色的人物，被誉为"伟大的牧神"。

　　代表作有《别列捷伊之泉》《没有披上绿装的春天》《林中小溪》等。

　　积雪还很厚，但已经显得异常疏松，甚至连野兔也可以用自己的前胸把它拱起来，在它下面活动。

　　远处飞来的鸟群，在开始发黑的土地上寻找着食物。

　　雨里的白桦树仿佛在高兴地流泪，一颗颗闪光的水珠儿直往下掉，消失在蜂窝般的雪地里。

　　大路上残冰狼藉，像碎玻璃一样。浮着冰块的河床

　　两岸松软了，塌陷了，夜里有只野兔跑过，留下了长长
的足迹一串。

（选自《普里什文六卷集》）

希 望

胡 适

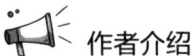

作者介绍

胡适，现代著名学者、诗人、历史学家、文学家、哲学家。
代表作有《中国哲学史大纲》《尝试集》《胡适文选》等。

我从山中来，
带得兰花草，
种在小园中，
希望开花好。

一日望三回，
望到花时过；
急坏看花人，
苞也无一个。

眼见秋天到，

移花供在家；

明年春风回，

祝汝满盆花！

（选自《胡适作品精选》）

水仙花

[英] 米尔恩 著 楼飞甫 译

 作者介绍

艾伦·亚历山大·米尔恩，英国著名剧作家、小说家、童话作家和儿童诗人。

代表作有《小熊温尼》《菩角小屋》；儿童诗集《当我们还很小的时候》等。

她戴着黄色的太阳帽，
　　她穿着绿色的长裙；
她面对着南来的风，
　　向人们不住地鞠躬。

她面对着温煦的太阳光，
　　摇摆着嫩黄色的头；

她对她的邻居悄悄地说：

"冬天已经过去。"

（选自《小作家选刊·小学》）

黎　明

[法] 兰　波　著　陈中林　译

 作者介绍

阿尔蒂尔·兰波，19世纪法国著名诗人。
代表作有《奥菲莉亚》《通灵者书信》等。

我拥抱了这夏日的黎明。

官殿前依然没有动静，寂然无声。池水安静地躺着。荫翳还留在林边的大道。我前行，惊醒那温馨而生动的气息，宝石般的花朵睁眼凝望，黑夜的轻翼悄然翔起。

幽径清新而朦胧。第一相遇：一朵鲜花向我道出了芳名。

我笑向那金黄色高悬的瀑布，她散发飘逸，飞越了松林：在那银白色的峰巅，我认出了她——女神。

于是，我撩开她一层又一层的面纱。林中的小径上，我舒展着臂膀。平原上，我把她告示给雄鸡。都市里，她逃匿在钟楼和穹隆之间，像乞丐奔波在大理石的站台，我奔跑着，把她一路追寻。

　　大路上空，桂树林旁，我用她聚集的绡纱把她轻轻地围裹，我感觉到了一些她那无比丰满的玉体。黎明和孩子一起倒身在幽林之下。

　　醒来，已是正午。

（选自《彩图集》）

晨 霜

[日]德富芦花 著 佚名 译

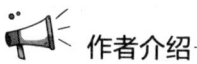

作者介绍

德富芦花，日本近代著名社会派小说家，散文家。

著有长篇小说《不如归》《黑潮》；随笔《自然与人生》《蚯蚓的呓语》《新春》等。

我爱晨霜，因为它凛然、纯洁，因为它是朗朗晴日的使者。

清美者要首推白霜衬托着的朝阳。

某年 12 月末的一个早晨，我路过大船户冢附近，这是一个罕见的降霜之晨，田地里，房屋上，到处都好像是下了一层薄雪，连村庄附近的竹丛、常青树等也都是一色银白。

不一会儿，东方的天空透出了金色，杲杲旭日冉冉

升起，没有一丝一缕云彩的搅拢。亿万条金线普照着田野人家。晨霜皎皎，仿佛是银河光芒闪烁。人家、树丛、田地及中央堆放的稻草，乃至从只有几寸的地面抬起的草鞋，所有的一切都向着太阳，只有背光的地方呈着紫色。目之所及，无不是白光紫影，在紫影中晨霜逐渐显得朦胧，大地全部变成了紫色的水晶块。

有一位农夫，在晨霜的原野正中烧着稻草。青烟蓬然而上，继而扩散开去，遮蔽了阳光。青烟所到之处随即变成了白金色，然后又渐渐变浓，最终，那青烟也染上了淡淡的紫色。

从此后，我爱晨霜之情便与日俱深。

（选自《世界散文经典·东方卷》）

日 出

赵丽宏

 作者介绍

赵丽宏，散文家、诗人。

代表作有散文集《风啊，你这弹琴的老手》《生命草》《维纳斯在海边》等。

一个老农用奇怪的眼光看着我，问："你为什么盯着太阳看？有什么好看的？"

是的，我正忘情地盯着那轮初升的太阳看得出神，看得忘记了我身边的世界。初升的太阳是那么大，那么红，那么新鲜，那么新奇，那么活泼，那么变化无穷……早晨，看她在我面前升起来，我觉得她总是显露出不同的面孔。每天，她都换上不同的彩色衣裳，那些瞬息万变的云霞，像是她围在身上的纱巾，在风中优美

地飘动……她在向世界卖弄她的无与伦比的青春姿色。这青春姿色是多么迷人。如果早上没有这样的太阳，这世界将会是何等的惨淡！

老农用困惑的眼光看我，我微笑着看着他，用我的沉默作回答。我看到，在太阳的辉煌中，老农的眼睛里也映射灿烂的光线，他脸上那蛛丝般密布的皱纹，像一道一道辐射开来的光芒……

不管夜晚多么黑，想到每天早上都会有不同的太阳美丽地升起，这是多么令人安慰。

（选自《青春和天籁》）

天空的云

萧　红

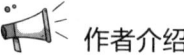作者介绍

萧红，现代著名女作家。

代表作有《生死场》《呼兰河传》等。

　　天空的云，从西边一直烧到东边，红堂堂的，好像是天着了火。

　　这地方的火烧云变化极多，一会红堂堂的了，一会金洞洞的了，一会半紫半黄的，一会半灰半百合色。葡萄灰、大黄梨、紫茄子，这些颜色天空上边都有。还有些说也说不出来的，见也未曾见过的，诸多种的颜色。

　　五秒钟之内，天空里有一匹马，马头向南，马尾向西，那马是跪着的，像是在等着有人骑到它的背上，它才站起来。再过一秒钟，没有什么变化。再过两三秒钟，

那匹马加大了，马腿也伸开了，马脖子也长了，但是一条马尾巴却不见了。

看的人，正在寻找马尾巴的时候，那马就变靡了。

忽然又来了一条大狗，这条狗十分凶猛，它在前边跑着，它的后面似乎还跟了好几条小狗仔。跑着跑着，小狗就不知跑到哪里去了，大狗也不见了。

又找到了一个大狮子，和娘娘庙门前的大石头狮子一模一样的，也是那么大，也是那样地蹲着，很威武地，很镇静地蹲着，它表示着蔑视一切的样子，似乎眼睛连什么也不眨，看着看着地，一不谨慎，同时又看到了别一个什么。这时候，可就麻烦了，人的眼睛不能同时又看东，又看西。这样子会活活把那个大狮子糟蹋了。一转眼，一低头，那天空的东西就变了。若是再找，怕是看瞎了眼睛也找不到了。

大狮子既然找不到，另外的那什么，比方就是一个猴子吧，猴子虽不如大狮子，可同时也没有了。

一时恍恍惚惚的，满天空里又像这个，又像那个，其实是什么也不像，什么也没有了。

（选自《呼兰河传》）

雾

贺 宜

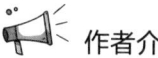作者介绍

贺宜，作家、文学理论家。

代表作有童话集《小草》；长篇儿童小说《野小鬼》；中篇童话《凯旋门》；童话集《隐士的胡须》；长篇童话《木头人》等。

呀，好大的雾！

白烟滚滚，遮住了树林，遮住了大路；遮住了他，遮住了我；听见你的声音，看不见你的面目。

太阳尽睡着，晓风尽睡着。

这雾多浓密哟，多神秘哟，统治了这寒冷的潮湿的世界。

这雾，他沉住了人的气，他掩蔽了人间的丑恶。礼

拜堂的钟响着；鸽子的铃响着；在天空荡过，划过。

　　太阳在山顶上伸懒腰了；晓风在海边跨着大步闯来了。

　　这雾呀，哼，凭他多浓密，多神秘，这时候，轻轻地静静地溜走了。

（选自《贺宜文集》（第 4 卷 ））

雨

刘半农

 作者介绍 ⁃⁃

刘半农，文学家、语言学家、教育家。

代表作有《半农杂文》《半农杂文二集》《扬鞭集》《瓦釜集》等。

这全是小蕙的话，我不过替他做个速记，替他连串一下罢了。

妈！我今天要睡了——要靠着我的妈早些睡了。听！后面草地上，更没有半点声音；是我的小朋友们，都靠着他们的妈早些去睡了。

听，后面草地上，更没有半点声音；只是墨也似的黑！只是墨也似的黑！怕啊！野狗野猫在远远地叫，可不要来啊！只是那叮叮咚咚的雨，为什么还在那里叮叮

咚咚地响？

妈！我要睡了！那不怕野狗野猫的雨，还在墨黑的草地上，叮叮咚咚地响。它为什么不回去呢？它为什么不靠着它的妈，早些睡呢？

妈！你为什么笑？你说它没有家么？——昨天不下雨的时候，草地上全是月光，它到哪里去了呢？你说它没有妈么？——不是你前天说，天上的黑云，便是它的妈么？

妈！我要睡了！你就关上了窗，不要让雨来打湿了我们的床。你就把我的小雨衣借给雨，不要让雨打湿了雨的衣裳。

（选自《中国新文学大系·诗集》）

暴风雨

[意] 拉法埃莱·费拉里斯　著　李国庆　译

作者介绍

拉法埃莱·费拉里斯，意大利著名作家、诗人。
著有《橡树》《暴风雨》等。

闷热的夜，令人窒息，我辗转不寐。窗外，一道道闪电划破了漆黑的夜幕，沉闷的雷声如同大炮轰鸣，使人悸恐。

一道闪光，一声清脆的霹雳，接着便下起瓢泼大雨。宛如天神听到信号，撕开天幕，把天河之水倾注到人间。

狂风咆哮着，猛地把门打开，摔在墙上。烟囱发出低声的呜呜，犹如在黑夜中抽咽。

大雨猛烈地敲打着屋顶，冲击着玻璃，奏出激动人心的乐章。

一小股雨水从天窗悄悄地爬进来，缓缓地蠕动着，在天花板上留下弯弯曲曲的足迹。

不一会，铿锵的乐曲转为节奏单一的旋律，那优柔、甜蜜的催眠曲，抚慰着沉睡人儿的疲惫躯体。

从窗外射进来的第一束光线报道着人间的黎明。碧空中飘浮着朵朵的白云，在和煦的微风中翩然起舞，把蔚蓝色的天空擦拭得更加明亮。

鸟儿唱着欢乐的歌，迎接着喷薄欲出的朝阳；被暴风雨压弯了腰的花草儿伸着懒腰，宛如刚从梦中苏醒；偎依在花瓣、绿叶上的水珠闪烁着光华。

常年积雪的阿尔卑斯山迎着朝霞，披上玫瑰色的丽装；远处的村舍闪闪发亮，犹如姑娘送出的秋波，使人心潮激荡。

江山似锦，风景如画，艳丽的玫瑰花散发出阵阵芳香！

绮丽华美的春色呵，你是多么美好！

昨晚，狂暴的大自然似乎要把整个人间毁灭，而它带来的却是更加绚丽的早晨。

有时，人们受到种种局限，只看到事物的一个方面，而忽略了大自然整体那无与伦比的和谐的美。

（选自 2008 年《时文博览》第 3 期）

火 光

[俄] 柯罗连科　著　张铁夫　廖子高　译

 **作者介绍**

柯罗连科，俄罗斯作家、社会活动家。

代表作有《我的同时代人的故事》《盲音乐家》《马卡尔的梦》等。

很久以前，在一个漆黑的秋天的夜晚，我泛舟在西伯利亚一条阴森森的河上。船到一个转弯处，只见前面黑魆魆的山峰下面，一星儿火光蓦地一闪。

火光又明又亮，好像就在眼前……

"好啦，谢天谢地！"我高兴地说，"马上就到过夜的地方啦！"

船夫扭头朝身后的火光望了一眼，又不以为然地划起桨来。

"远着呢!"

我不相信他的话,因为火光冲破朦胧的夜色,明明在那儿闪烁。不过船夫是对的:事实上,火光的确还远着呢。

这些黑夜的火光的特点是:驱散黑境,闪闪发亮,近在眼前,令人神往。乍一看,再划几下就到了……其实却还远着呢!

我们在漆黑如墨的河上又划了很久。一个个峡谷和悬崖迎面驶来,又向后移去,仿佛消失在茫茫的远方,而火光依然停在前头,闪闪发亮,令人神往——依然是这么近,又依然是那么远……

现在,无论是这条被悬崖峭壁的阴影笼罩的漆黑的河流,还是那一星明亮的火光,都经常浮现在我的脑际。在这以前和在这以后,曾有许多火光,似乎近在咫尺,不止使我一人心驰神往。可是生活之河却仍然在那阴森森的两岸之间流着，而火光也依旧非常遥远。因此，必须加劲划桨……

然而，火光啊……毕竟……毕竟就在前头！

（选自《百味人生》）

火
光

水滴和石头

[苏联] 普里什文　著　潘安荣　译

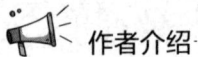
作者介绍

　　米哈依尔·米哈依洛维奇·普里什文，20 世纪苏联文学史上极具特色的人物，被誉为"伟大的牧神"。

　　代表作有《别列捷伊之泉》《没有披上绿装的春天》《林中小溪》等。

　　窗下地面的冰还很硬，但和煦的阳光照一会儿，挂在屋檐的冰锥便滴下水来。每一滴水在临死时发出"我！我！我！"的声音，它的生命只有一刹那的工夫。"我！"这是痛感无能为力而发出的悲声。

　　但是眼看地面上的冰已被水滴出了一个小坑；冰在融化，一直到化净了，屋檐上亮晶晶的水滴还在一声声叫着。

水滴落在石头上，清楚地发出"我!"的声音。石头又大又坚硬，也许还要在这儿卧上一千年，水滴却仅仅活一瞬间，不过是痛感无能为力而已。然而，"水滴石穿"的道理却是千古不变。那许多的"我"汇合成了"我们"，力量之强，不仅能滴穿石头，有时还形成滚滚急流，竟把石头冲走。

（选自《普里什文散文》）

水滴和石头

风筝和雄鹰

韶 华

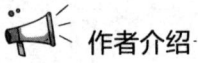 作者介绍

韶华，作家。

代表作有《燃烧的土地》《荣誉》《自由婚姻靠自己》《谈天说地集》《风筝和雄鹰》等。

风来了。

风筝问雄鹰："你要到哪里去？"

雄鹰说："我要迎着暴雨，穿过乌云，驾驶沉雷，搏击闪电。你呢？"

风筝说："我要随风飞去，让它吹拂我那鲜艳的衣服，扇起我那美丽的尾巴，凭借它那种神妙的力量，送到九天，让地上的人们，欣赏我美丽的身影，赞叹我忽上忽下、忽左忽右的动人舞姿。"

它们各自去了。

风暴过后，雄鹰的翅膀更加坚硬了，眼光更加锐利了，翱翔于蓝天晴空。

风筝只剩下几根竹架，落在一片乱葬岗的孤树上。

（选自 1978 年《鸭绿江》第 9 期）

好朋友

陈丽虹

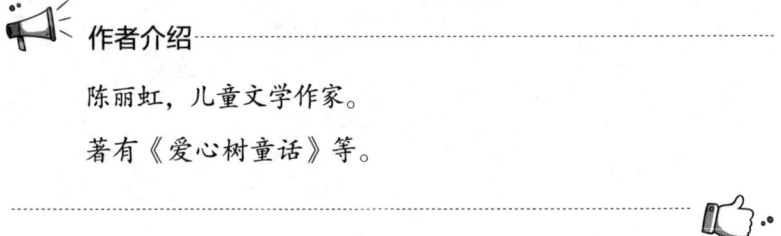

作者介绍

陈丽虹，儿童文学作家。

著有《爱心树童话》等。

大山和小溪是好朋友。大山长得高，看得远，知道的就多。小溪就整天缠绕着大山问东问西。

"大山，大海是什么样的？海水是甜的吗？"

"大山，什么叫城市，城市是怎么样的？"

"大山，高楼有多高？它能伸进云层吗？"

……

小溪似乎永远有问不完的话题。为了解答小溪的问题，满足小溪的好奇心，大山总是尽量把脖子伸得长些长些再长些，希望能看得远些远些更远些。大山的脖子伸得酸了痛了。大山把他能看到的和知道的都告诉了小溪。小溪还是不满足，他太想了解外面的世界了。

"小溪，我只能告诉你这么多了。你是一个聪明的孩子，有理想，有志气。我想，你还是走出去闯一闯，亲眼看一看外面的世界不是更好吗？"一天，大山对小溪说。

"走出去？我能吗？"小溪很疑惑。

"怎么不能呢？你那么灵活，跑得又快。我相信你能走得很远，见识到很多东西，学到很多本领。你会因此而变得充实和壮大。"大山的话语充满了鼓励。

"好吧，大山，我的好朋友！我决定出去闯一闯。再见了，大山！"小溪一步三回头地与大山告别。

"一路好走！小溪！"大山眼泪都快要流出来了。毕竟是多年在一起的好朋友啊！大山舍不得小溪走。拉着小溪的尾巴，把小溪的尾巴拉得长长的……

（选自《幼儿故事大王·经典阅读版》）

岩 石

[俄] 屠格涅夫 著 薛 菲 译

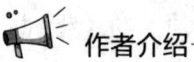 作者介绍

伊凡·谢尔盖耶维奇·屠格涅夫，19世纪俄国著名的现实主义作家。

代表作有《罗亭》《贵族之家》《前夜》《父与子》等。

你见过海边那年代久远的灰色岩石吗？在阳光明媚的日子里，你见过涨潮时汹涌的海浪从四面八方拍打、戏弄和抚爱那长满苔藓的岩石，并把闪光的珍珠般的浪花洒满它一身的情景吗？

岩石依旧是那样的岩石，但它那早已黯淡的外貌，此刻却又变得色彩绚丽、容光焕发。

这色彩正向你述说遥远的过去，述说熔融的花岗岩开始凝成时它那段火红的岁月。

　　于是，青春少女的灵魂又一次闯入我这颗早已衰老的心；在她们的柔情抚爱下，它再次泛起那往事的光辉，迸发出昔日的火花。

　　潮退了……但它绚丽的色泽依然，光彩依然——任那凛冽的寒风无情地刮！

　　　　　　　　　　（选自《感情的花束：外国名家散文诗》）

岩
石

海 螺

［西班牙］洛尔卡 著 戴望舒 译

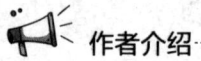

作者介绍

洛尔卡，西班牙戏剧家、诗人。

代表作有《吉卜赛谣曲》《深歌集》等。

他们带给我一个海螺。

它里面在讴歌

一幅海图。

我的心儿

涨满了水波，

暗如影，亮如银，

小鱼儿游了许多。

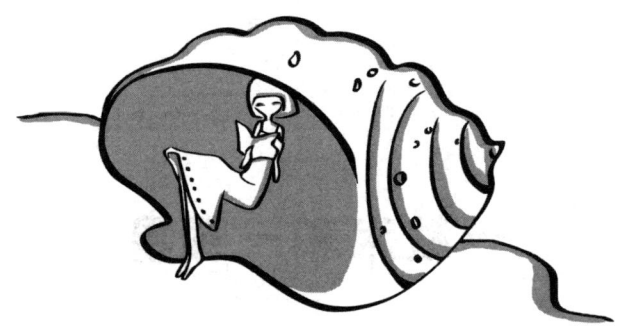

他们带给我一个海螺。

（选自《戴望舒译诗集》）

一粒米和一颗星

凤 歌

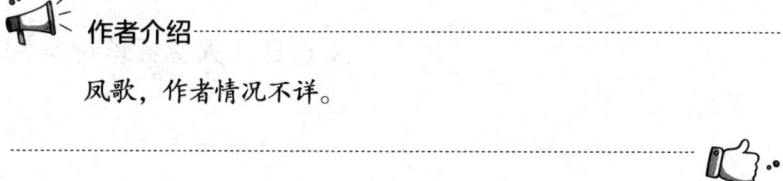

作者介绍

凤歌，作者情况不详。

一只初出世的小蚁，找着了一粒白米，便得意非凡，匆匆地衔着回巢，预备向同伴夸耀。

在途中，一阵狂风吹来，不知道把那粒米吹到什么地方去了。它抬头一望，那时天空里恰好有一颗白光的小星，小黑蚁便自言自语道：

"我的那粒白米原来还吹得不远，离开我的头，只有这一点点远。"它就伸着前足，向着那臆想的白米摘取；直伸到全身都疲乏了，结果只有它自己聊以自慰的断语："只差得一点点，若是我的脚稍微生得长一点就好了。"

有经验的老蚁对它说："这不是米，这是天上的星。

它的大，与米比较，不知要大上几万倍；它的高，离开我和你，不知有几千万里。停止了你的妄想吧，放下你那可怜的小手吧！"

小黑蚁只是不信，强辩着道："这明明是那粒白米，而且离开我的头，只有这一点点远，等到我的手稍微再长一点，一定就能够取着它了！"

（选自 1927 年《小朋友》第 250 期）

蓝色的树叶

［苏联］瓦莲京娜·奥谢耶娃　著　孔　嘉　译

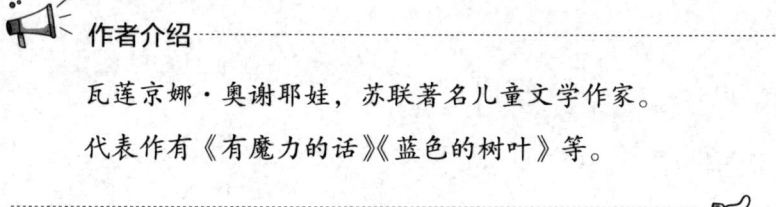

作者介绍

瓦莲京娜·奥谢耶娃，苏联著名儿童文学作家。

代表作有《有魔力的话》《蓝色的树叶》等。

　　卡佳有两枝绿颜色的铅笔，可是莲娜一枝也没有。莲娜向卡佳请求说："给我一枝绿铅笔吧。"

　　但是卡佳回答说："我得问一问妈妈。"

　　第二天，两个小姑娘都到学校里去了。

　　莲娜问："妈妈允许了吗？"

　　卡佳停了一下才说："妈妈倒是允许了，可是我还没有问过哥哥呢。"

　　莲娜说："那有什么关系，再问问哥哥吧。"

第二天卡佳来的时候，莲娜问道："怎么样，哥哥答应了吗？"

"哥哥倒是答应了，可是我怕你把铅笔弄断了。"

莲娜说："我会小心些用的。"

卡佳说："小心些，不要削，不要太用劲儿使，不要放到嘴里去，不要用得太多啊！"

莲娜说："我只要把那图画纸上的树叶，画成绿颜色的就够了。"

"这可多啦！"卡佳说着，紧紧地皱着眉头，脸上还做出不乐意的样子来。

莲娜看了看她就走开了，也没有拿铅笔。

卡佳奇怪了，跑着去追她。

"喂，你怎么啦？拿去用吧！"

莲娜回答说："不要啦。"

上课的时候，老师问道："莲娜，为什么你的树叶是蓝色的呢？"

"我没有绿颜色的铅笔。"

"那你为什么不跟自己的女伴去拿呢？"

莲娜默默地不说一句话。

但是卡佳羞红了脸，像只大红虾似的，说道："我给她啦，可是她没拿去。"

老师看了看两个人说："要好好地给，别人才肯接受呢。"

（选自《蓝色的树叶》）

榕　树

郭　风

 作者介绍

郭风，散文家、儿童文学家。

著有《小小的履印》《灯火集》等。

我看见一棵榕树。它美丽得好像开花的土地。它的树干好几个小孩子手携手来才能围抱住。它的褐色的众多的须根，好像马鬃一样从暗绿的枝叶间长长地垂下。

我看见它的树梢有好几个鹭鸶的窝。那南方水边最美丽的禽鸟，那有着雪白羽冠的鹭鸶，在它的树梢成群地飞翔。

我看见它的林间装了一个喇叭筒。那里传播着典雅的南曲和梨园戏"陈三五娘"；传播着气象台的气象预报和北京的新闻节目，传播着福建省红星农业社的办社

经验，传播着"支援埃及，反对侵略"的歌曲和乌克兰民歌……

我看见一棵榕树。它美丽得像生长它的南方的土地。我看见许多白鹭在它的树梢飞翔，我听见美妙的音乐和人民的声音从那里传播出来……

（选自《竹叶上的珍珠》）

长眼睛的小树

张秋生

 作者介绍

张秋生，儿童文学家。

著有《"啄木鸟"小队》《校园里的蔷薇花》《小松鼠和他的伙伴》等。

活泼的梅花鹿，它在小树林里跑着，几张藤叶儿挂在了它的角上，它也不知道。

小树林边上，是个小池塘，小鹿探头一瞧，池塘里映出了一棵小树，小树杈上飘着绿叶。

再一瞧，小树杈下面，还有一对明亮的眼睛在一眨一眨呢！

小鹿高兴地笑了："那不是我吗？我变成一棵小树了，还长着树叶呢……"

就在这时，有三只漂亮的小鸟儿，落在这一对树杈上了，它们跳上跳下，还唱着好听的歌儿呢。

小鹿是爱动来动去的，可它现在屏住气，一动也不动，因为它知道，小鸟儿是非常胆小的。

小鹿从平静的水面上看到，三只小鸟真愉快，它们有唱不完的歌。小鹿在心里悄悄地说："唱吧，唱吧，我是一棵快乐的小树，欢迎小鸟儿来唱歌……"

（选自《太阳的爱》）

寄生树与细草

郭沫若

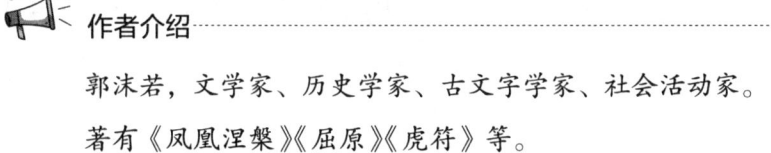

作者介绍

郭沫若，文学家、历史学家、古文字学家、社会活动家。著有《凤凰涅槃》《屈原》《虎符》等。

　　寄生树站在一株古木的高枝上，在空气中扬扬得意。它倨傲地俯瞰着下面的细草说道：

　　"你们可怜的小草儿，你看我的位置是多么高，你们是多么矮小！"

　　细草们没有回答。

　　寄生树又自言自语地唱道：

　　"啊哈哟，我是大自然中的天骄。有大树做我庇护，有大树供我资料。我是神不亏精不劳，高瞻乎宇宙，君临乎小草，披靡乎浮云，挹友乎百鸟。啊哈哟，我是大

寄生树与细草

自然中的天骄。"

一场雷雨，把大树劈倒了。寄生树和古木的高枝倒折在草上。细草儿们为它哀哭了一场。

寄生树渐渐枯死了。每逢下雨的时候，细草们便追悼它，为它哀哭。

寄生树被老樵夫捡拾在大箩里，卖到瓦窑里去烧毁了。每逢下雨的时候，细草们还在追悼它，为它哀哭。

（选自 1923 年 7 月《创造周报》第 1 集第 10 号）

大海那边

[日] 冈本良雄 著 季 颖 译

作者介绍

冈本良雄，作者情况不详。

　　早晨，海对面的天空现出美丽的玫瑰色。静静的海滩上，三只早起的小螃蟹，挥动着大钳子在做体操。

　　一，二，咔嚓，咔嚓，三，四，咔嚓，咔嚓，五，六，七，八……就像是听从指挥一样，随着小螃蟹钳子的挥着舞着，玫瑰色的天空，渐渐变成了金色。

　　"瞧！瞧！"小螃蟹停止了做操。这时候，海面上突然冒出了又大又圆的太阳，这里，那里，到处都像撒下金色的粉末一样。

　　"啊，海那边是太阳的故乡。"一只小螃蟹说。

　　中午，三只小螃蟹在热得发烫的沙滩上比赛吹泡泡。

噗噜噗噜，噗噜噗噜。这时候，一条白轮船鸣着汽笛，飞快地朝海对面开去。

"那条船是去美国的。"另一只小螃蟹说，"所以，海那边是美国。"

到了夜晚，三只小螃蟹在漆黑一片的海滩上散步。这时候，对面天空忽然一下子变亮了。小螃蟹觉得波浪上仿佛架起了一座银光闪闪的桥，一直从海那边通到海滩上。噢，月亮升起来了。

这时候，第三只小螃蟹说："海那边是月亮的故乡。"

真的，大海那边到底是什么呢？

（选自《为我唱首歌吧》）

花的学校

[印] 泰戈尔　著　郑振铎　译

 作者介绍

泰戈尔，印度诗人、哲学家，1913 年获得诺贝尔文学奖。
著有《吉檀迦利》《戈拉》《飞鸟集》《草叶集》等。

当雷云在天上轰响，六月的阵雨落下的时候，润湿的东风走过荒野，在竹林中吹着口笛。

于是一群一群的花从无人知道的地方突然跑出来，在绿草上狂欢地跳着舞。

妈妈，我真的觉得那群花朵是在地下的学校里上学。

它们关了门做功课。如果它们想在散学以前出来游戏，它们的老师是要罚它们站壁角的。

雨一来，它们便放假了。

树枝在林中互相碰触着，绿叶在狂风里萧萧地响，雷云拍着大手。这时花孩子们便穿了紫的、黄的、白的衣裳，冲了出来。

你可知道，妈妈，它们的家是在天上，在星星所住的地方。

你没有看见它们怎样地急着要到那儿去么？你不知道它们为什么那样急急忙忙么？

我自然能够猜得出它们是对谁扬起双臂来：它们也有它们的妈妈，就像我有我自己的妈妈一样。

（选自《新月集》）

花的沐浴

郭　风

作者介绍

郭风，散文家、儿童文学家。

著有《小小的履印》《灯火集》等。

草地上有百里香、铺地锦、野菊和蒲公英。

有一天，天下雨了。小雨点敲打着野外的树木，在繁密的树叶上敲出声音来了，好像我们学校里摇铃一样：叮当！叮当！

于是，一群小野花走出来了，百里香、野菊、铺地锦和蒲公英们，一听见这雨声，都走出来了。她们好像在幼儿园里做唱游一样，排成小队，走出树林，到这草地上，站在雨中……

她们要在那里沐浴——

小雨点为她们从头淋下，她们口里轻轻地唱着歌。有时抖抖身子，让水点落下去；

小雨点为她们从头淋下，她们口里轻声地唱着歌。她们摇摆着身子，用绿色的浴巾洗擦自己的头发和身手……

接着雨停止了。她们的沐浴也停止了。这时，阳光照在草地上，草地上一片光明，那些小野花们显得多么美丽！她们沐浴过了，全身发出香味。

（选自 1957 年《人民文学》第 5—6 期）

一朵花的沉思

童 心

作者介绍

　　童心，作者情况不详。

　　看着园中的姐妹竞相开放，吐露芳华，一朵花暗自茫然，踌躇不决。

　　她羡慕牡丹的华美高贵。

　　她欣赏荷花"出淤泥而不染"的高洁。

　　她景仰牵牛花天天向上、锲而不舍的进取精神。

　　她追忆一枝梅凌霜傲雪、临危不惧的气概。

　　……

　　恍惚中，她没有注意到自己身上正在发生的变化。

　　一只蜜蜂从她身旁飞过，嗅了嗅飞走了。

　　一个调皮的男孩从她身边经过，拍拍她而径直走向

牡丹。

一朵花有点失望，有点不服，她悄然把身子挺了又挺。同时她开始审视自己：没有美丽的花冠，没有婀娜的花枝，甚至没有花苞——天哪，她竟然不是花！她所仰慕的、所向往的都将成空。

她是一株草，一株卑微的小草。她自嘲地笑笑。

没有了那么多的抱负与期待，她开始平心静气地生长，悄然积蓄力量。

终于有一日，当她舒展了身体，才发现自己已长成一棵参天大树。

原来，她不是花，也不是草。昔日的花草都已在她脚下。

（选自 2006 年《语文世界》小学版第 6 期）

满载着鲜花的火车

[日] 大石真　著　孙幼军　译

作者介绍

大石真，日本作家。

著有《小悟的自行车》《205教室》等。

山里的动物们，正眼巴巴地盼望满载着鲜花的火车开来。

从温暖的南方到寒冷的北方，有一趟专门为动物开行的列车。

这趟火车一年有四次开到山里来：春天一次，夏天一次，秋天一次，冬天一次。在辽阔的原野上，它从南到北，从北到南，开来开去。

春天的时候火车装着满满一车鲜花，冒着紫色的烟，从南方开过来。

夏天的时候，火车里装着凉爽的风、大朵大朵的白云开过来。

秋天的时候，火车装载着美丽的红叶。冬天呢，车里满是冰凉的白雪，火车的方向也变了——是从北往南开的。

现在呢，动物们正等待着春天的火车。这列火车里，满是刚刚绽开的花朵。

它还没有开来。要是它来了，狸子站长会通知大家的。

"真慢啊，怎么还不来？"

动物们等得不耐烦了。他们冒着严寒，一齐跑到山下的火车站来看。

他们看见，狸子站长站在月台上，正从大衣兜里掏出一块大怀表，使劲儿地看哪！

"哎呀，站长先生，火车还没来吗？"

狗熊挺泄气地问。

"要是照往年那样，火车早该到了吧！"

猴子有些恼火地说。

"也许是火车半路上出事了……"

兔子担心地说。

可是狸子站长扶一扶制帽，不慌不忙地向大家笑着说：

"啊啊，各位先生，请不要着急。嗯——用不了多久，火车就开来啦!"

野猪问:

"'用不了多久'，到底是多久啊?"

狸子站长把手里的大怀表举起来，让大家伙儿看:

"就是表上的指针，正好指着'春'的时候嘛。"

大家一齐伸长了脖子看。这块表上写着"春""夏""秋""冬"四个大字。有一个红指针，正慢慢地向"春"字上移动。

"哎呀，快到点啦!"

"春天的火车，马上就要进站啦!"

正在这时候，站长室里的电话"滴铃铃、滴铃铃"地响起来。

狸子站长慌慌张张地跑进去:

"是的，我是! 喂喂，好的，好的，好的! 谢谢!"

狸子站长放下电话，走出来，笑眯眯地看看大伙儿的脸，接着说:

"他们通知我: 春天的火车已经从前边的一站开出来，马上就要到了!"

真的。不大一会儿，草原的那一边就出现一小朵紫色的烟。在这同时，大家的鼻子都闻到一股好闻的、花儿的香气。春天的火车，真的开过来啦!

　　山上的动物们一下子快活得喊叫起来，他们又蹦又跳，迎接那列满载着鲜花的火车。

（选自《鼻子和你捉迷藏》）

一只小鸟

——偶记前天在庭树下看见的一件事

冰 心

 **作者介绍**

冰心，现代著名诗人、作家、翻译家、儿童文学家。
著有《繁星》《春水》《寄小读者》等。

　　有一只小鸟，它的巢搭在最高的枝子上，它的毛羽还未曾丰满，不能远飞；每日只在巢里啁啾着，和两只老鸟说着话儿，它们都觉得非常的快乐。

　　这一天早晨，它醒了。那两只老鸟都觅食去了。它探出头来一望，看见那灿烂的阳光，葱绿的树木，大地上一片的好景致；它的小脑子里忽然充满了新意，抖刷抖刷翎毛，飞到枝子上，放出那赞美"自然"的歌声来。它的声音里满含着清—轻—和—美，唱的时候，好像

"自然"也含笑着倾听一般。

树下有许多的小孩子，听见了那歌声，都抬起头来望着——

这小鸟天天出来歌唱，小孩子们也天天来听它，最后他们便想捉住它。

它又出来了！它正要发声，忽然"哧"的一声，一个弹子从下面射来，它一翻身从树上跌下去。

斜刺里两只老鸟箭也似的飞来，接住了它，衔上巢去。它的血从树隙里一滴一滴的落到地上来。

从此那歌声便消歇了。

那些孩子想要仰望着它，听它的歌声，却不能了。

（选自 1920 年 8 月《晨报》）

麻　雀

[俄] 屠格涅夫　著　黄伟经　译

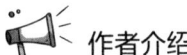作者介绍

　　伊凡·谢尔盖耶维奇·屠格涅夫，19 世纪俄国著名的现实主义作家。

　　代表作有《罗亭》《贵族之家》《前夜》《父与子》等。

　　我打猎归来，沿着花园的林荫路走着。狗跑在我前边。

　　突然，狗放慢脚步，蹑足潜行，好像嗅到了前边有什么野物。

　　我顺着林阴路望去，看见了一只嘴边还带黄色、头上生着柔毛的小麻雀。它从巢里跌落下来（风猛烈地吹打着林荫路上的白桦树），呆呆地伏在地上，孤立无援地张开两只羽毛还未丰满的小翅膀。

　　我的狗慢慢向它靠近。忽然，从附近一棵树上飞下一只黑胸脯的老麻雀，像一颗石子似地落到狗的鼻子跟前——它全身倒竖着羽毛，惊惶万状，发出绝望、凄惨的叫声，两次扑向露出牙齿、大张着的狗嘴边去。

　　它是猛扑下来救护幼雀的。它用身体掩护着自己的幼儿……但它整个小小的身体因恐怖而战栗着，它小小的声音也变得粗暴嘶哑了，它在牺牲自己了！

　　在它看来，狗该是个多么庞大的怪物啊！然而，它还是不能站在自己高高的、安全的树枝上……有一种比它的理智更强烈的力量，使它从那儿扑下身来。

　　我的特列左尔站住了，向后退了退……看来，它也感到了这种力量。

　　我赶紧唤住惊慌失措的狗——然后，我怀着尊敬的心情，走开了。

　　是啊，请不要见笑。我尊敬那只小小的、英勇的鸟儿，我尊敬它那种爱的冲动和力量。

　　爱，我想，比死和死的恐惧更强大。只有依靠它，依靠这种爱，生命才能维持下去，发展下去。

（选自《美冠纯美阅读书系外国卷·屠格涅夫专集》）

红蜻蜓

冰　波

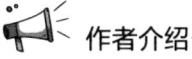 作者介绍 ·······································

冰波，作家。

著有《窗下的树皮小屋》《冰波童话》《红蜻蜓，红蜻蜓》《怪蛋之谜》等。

···

　　傍晚，太阳快要下山了。西边的天空，升起了一片红红的晚霞。

　　晚霞好红好红啊。

　　老野牛呆呆地望着晚霞，呆呆地想着心事。望着，想着，他睡着了。

　　老野牛做了一个梦：

　　天空上的那一大片红霞，慢慢地、慢慢地飘过来，一直飘到红草莓村的上空，停住不动了。

红蜻蜓

63

忽然，红霞变成了数也数不清的红蜻蜓。

红蜻蜓在红草莓村的上空，飞来飞去。它们把这里的山和水，这里的花和草，都映红了。

活了一百岁的老野牛，也从来没见过这么多的红蜻蜓。多么壮观啊！

有一只红蜻蜓飞过来了。

它停在了老野牛的犄角尖上。

红蜻蜓的四片透明的翅膀，薄得像阳光；它那两只蒙眬的大眼睛里，翻动着美丽的彩色光流。

老野牛一动也不敢动，他觉得，红蜻蜓停着的那只犄角好烫好烫。

忽然，红蜻蜓说话了。

"我是红蜻蜓，我会带来吉祥和幸福。"

红蜻蜓轻轻地飞起来，又停在老野牛另外一只犄角上。

老野牛的两只犄角都好烫好烫。

老野牛小心地问："红蜻蜓，你什么时候会再来？"

红蜻蜓轻轻摇了一下头，说："我也不知道，那得看你们了。"

说着，红蜻蜓轻轻飞了起来，和那些红蜻蜓飞在一起。它们又飞了一会儿，就向远方飞去了。像一片红霞一样，它们的颜色越来越淡，最后消失了。

老野牛看见，红蜻蜓飞过的地方，已经长满了红草莓！

老野牛望着天空，喊着：

"红蜻蜓，红蜻蜓……"

老野牛从梦中醒来了。可他的嘴里还喃喃说着："红蜻蜓，红蜻蜓……"

（选自《红蜻蜓，红蜻蜓》）

红蜻蜓

一只小蜻蜓

樊发稼

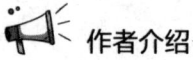 作者介绍 --

樊发稼，诗人、文学评论家。

著有《春雨的悄悄话》《小娃娃的歌》《将军和跳蚤》等。

早上，我坐在窗口，正在看一本有趣的小人书。

突然，一只小蜻蜓从窗外飞进屋里，我赶紧关住玻璃窗，轻轻逮住了它。

小蜻蜓一会儿撅撅尾巴，一会儿扑扑翅膀，样子很着急，好像在说：

"小姐姐，放了我吧！爸爸妈妈一定到处在找我，找不到我，他们会伤心地哭的……"

我对小蜻蜓说：

"小蜻蜓，你放心吧！我不是那种淘气鬼，我不会剪掉你的翅膀，不会伤害你的。我知道你会捉牛虻、吃蚊子，帮我们做好事……"

在灿烂的阳光下，我把这只可爱的小蜻蜓，轻轻托到窗外，小蜻蜓从我的手上快活地飞走了，好像听见它说："谢谢你，小姐姐！小姐姐，再见！"

小蜻蜓飞走了，我心里很快乐。

在吃早餐的时候，我还在想：这时候，小蜻蜓该找到爸爸妈妈了吧？它们也该吃早餐了吧？

（选自 1982 年《幼儿画报》第 2 期）

一只小蜻蜓

做在大胡子里的鸟窝

[爱沙尼亚] 艾诺·拉乌德 著 韦 苇 译

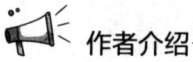 **作者介绍**

艾诺·拉乌德，爱沙尼亚著名作家。

代表作有《小矮人的奇遇》，作者写了三个小矮人之间的真挚友谊，对小矮人的不幸遭遇表示了同情。

说起来，大胡子小矮人的胡子也真大，天凉的时候，能当得成棉被。

有一天，太阳把睡在空地上的大胡子小矮人唤醒。大胡子正要梳理他的胡子呢，嗨，忽然从他的胡子里飞出一只小灰鸟。

小灰鸟飞上一根树枝，蹲在那里，愣愣地瞅着大胡子。大胡子只好躺在原来的地方，一动不动，这样小鸟就不会受惊了。

大胡子小矮人感觉，有什么东西在他的胡子里轻轻动弹。他低头一瞧，不由得笑了。大胡子里，有个小鸟做的窝哩，里头有五个小鸟蛋。这小灰鸟在他的大胡子里抱蛋呢！

这下可让大胡子为难了。抱蛋得清清静静、安安稳稳的，专心一意，才能把小鸟抱出来。于是，大胡子只好纹丝不动，静静躺在那里，呆呆仰望着白云在天空悠悠飘动。

后来，鸟妈妈飞上了树枝。过一阵，鸟爸爸回来了，嘴里叼着一条虫子。鸟爸爸先站在树枝上，看大胡子靠得住靠不住，看了好一会儿，没事儿，就飞到鸟妈妈跟前，把虫子喂进它的嘴里，又匆匆飞进了树林。鸟妈妈抱小鸟，鸟爸爸当然要忙碌些。他不停地把各种好食品叼来给鸟妈妈吃。

从早晨起，大胡子就没有吃过东西了。本来他的大胡子上结着些野果，但早已吃完了，新的又没长出来，好在鸟爸爸看出大胡子肚子饿了，它及时地捉了些虫子来喂大胡子。大胡子是人哪，哪会吃生虫子，所以赶紧闭上了嘴，抿得紧紧的，不让鸟爸爸把虫子塞进他嘴里。

"谢谢你，我不会吃虫子，你还是好好照料鸟妈妈吧，让它在我的大胡子里安心抱蛋。她一天不动窝地抱蛋，也怪辛苦的。"

大胡子伸手拔了些草茎嚼着，不让自己的肚子太饿。

他这么一动不动的，时间躺长了，腰疼得厉害。可他又不敢动弹，生怕一动弹就吓着鸟妈妈。幸而，他的大胡子里没有多久就传来轻轻的笃笃声。

第一只小鸟出壳了！

"欢迎你，小东西！"大胡子低声说，"欢迎你到这个有趣的世界上来！"

大胡子忘了口渴，忘了饥饿，忘了腰疼。

第二只小鸟出世了，第三只、第四只小鸟出世了，接着第五只！五只毛茸茸的小鸟！五个可爱的小生命！鸟妈妈看着自己抱出来的小家伙，心里说不出有多高兴。

同鸟妈妈一样高兴的，还有大胡子小矮人哩。

（选自《外国新童话》）

一只懒透顶的猫

黄水清

作者介绍

黄水清，中国寓言文学研究会理事。

著有《52个周末童话》《科学寓言1001夜》《大力神游宇宙》等。

懒猫怕捉鼠，它想，变只狗吧。

可是变了狗，主人又叫它看门。

懒猫不高兴，就变成了一把笤帚。主人又用它扫地。

"唉，变成什么才最舒服呢？"懒猫想，"对，变个屎壳郎。"

它万万想不到，它居然被送到澳大利亚，主人命令它和数不清的屎壳郎一起，去清除遍地的牲口粪，保护环境卫生。

"累死我了！"它干得浑身是汗，一扭身子，变成了一只苍蝇。

它更加想不到，它居然被科学家捉去，从它的分泌物里提炼出"抗菌活性蛋白""抗癌活性蛋白"。苍蝇能在病菌、病毒的包围中活得快快乐乐，从不生病，靠的就是这两种"蛋白"。"不行！我要变个完全无用、彻底舒服的东西！"它想呀，想呀，有了，它变成了一堆垃圾。

"这下，我彻底无用了！我该彻底安宁了！"它挺得意。

可是，不久，它被搬到一个加工厂，被切碎，当作蚯蚓的饲料。蚯蚓吃了它，拉出了呱呱叫的好肥料。

垃圾也有用，天晓得！这回，得变个绝对无用的！"对，变成癌细胞！"

可是，科学家们从癌细胞中提取了一种特殊的蛋白质，能治疗心肌梗死，让病人的血液循环畅通无阻。

……

它只得仍然回复成一只猫。

有什么办法呢？世上绝对无用的东西，压根儿是不存在的。

（选自《科学寓言 1001 夜》）

小松鼠，告诉我

韦苇

作者介绍

韦苇，儿童文学作家。

著有《快活故事》《世界经典童话全集》《世界童话史》等。

小松鼠，你背上这三条竖纹，黑黑的，长长的，是你妈妈给你描上的吧？

小松鼠，你这根大尾巴，蓬松的，轻盈的，是你妈妈生给你跳远的吧？

小松鼠，你这双小眼睛，黑闪的，机敏的，是你妈妈生给你寻找松果的吧？

你的脖子上，定然挂过妈妈为你编织的花环，那野花编成的五彩花环，定然鲜艳过苍郁的松林。

然而，然而你佩过花环的脖子上，今天被套上了铁丝挽成的小圈圈，圈子系着一条长链子，链子拴在一个男人的手里，这个男人站在大街的一侧，站在立交桥的脚边。

我们的城市很美丽。可是，把你带进我们的城市，我的心阵阵发紧。

这里有很多很多商店，却没有一家商店出售松果；这里有很多很多街树，却没有一棵街树结着松果！

这里闻不到松脂的清香。

这里嗅不到大森林的气息。

这里看不到最蓝的天空……

小松鼠，你从哪里来？远方的哪片松林，是你的家乡？远方的哪只松鼠，是你的妈妈？

小松鼠，你告诉我！我知道你的声音很小，但是我耳朵听不见的声音，我的心能听见！

（选自 1996 年《儿童诗》"爱心号"）

小狗在沙滩上

张秋生

 作者介绍 ···

张秋生，儿童文学家。

著有《"啄木鸟"小队》《校园里的蔷薇花》《小松鼠和他的伙伴》等。

···

小狗，在沙滩上，他向着大海吠叫。

小狗，是因为你瞧见海浪了吗？是你闻到海风的腥味了吗？是你看到了远在天际的渔帆了吗？……

"汪！汪！"小狗说，都不是。

啊，我终于知道了。

是大海里一条小鳕鱼，她也正凝望着小狗呢。她对小狗说：

"我要告诉妈妈，告诉海星，告诉小海螺，我看见了

海边有一个长着长鼻子、大耳朵和一身毛的小怪物……"

大海边上，两个来自陌生世界的朋友在交谈。

（选自《轻轻摇啊小摇篮》）

大家一起飞

熊前彪

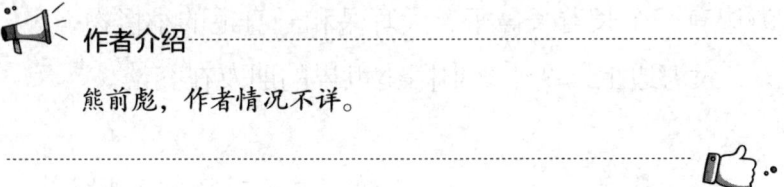

作者介绍

熊前彪，作者情况不详。

小鸟去过好多地方，飞过许多城市，森林里的小动物们可爱听她讲故事了。

她说火车又长又大，开起来可快了。动物们都没有见过火车，小鸟就指着大蛇说："就像大蛇那样长。"大蛇可高兴了，到处对朋友说："瞧！我是大火车。"

她说城里住着许多人的大楼又高又大，动物们都没有见过大楼，小鸟就指着大树说："就像大树一样高大。"

大树也乐坏了，低头对朋友说："瞧！我是大楼。"

小鸟还说："城市里的孩子爱吃棉花糖。"可动物们都不明白："棉花糖是什么样的？"

　　小鸟就指着天上的白云说："棉花糖就像大云朵。"大家都仰头望着白云，直流口水。

　　小鸟飞上天，摘了好多云朵下来，当作棉花糖分给大家吃。

　　奇怪？大家吃了云朵棉花糖，就觉得浑身轻飘飘的。

　　小猪、大熊、大蛇、大树……都飘上了天，像五彩云朵在天上飞起来，随着风儿飘来飘去，好玩极了。

　　真奇妙，大家说："谢谢小鸟！让我们飞起来啦！"

　　　　　　　　　（选自 2003 年《小朋友》第 5 期）

大家一起飞

祝你生日快乐

[美] 法兰克·艾许　著　任霞苓　译写

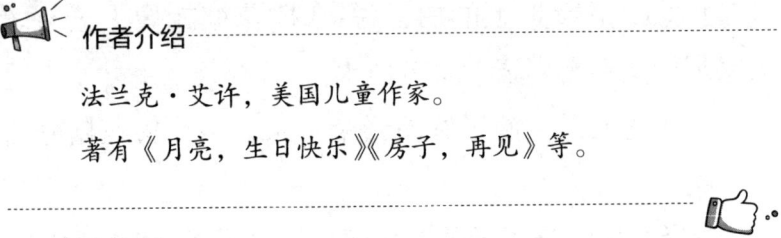

作者介绍

法兰克·艾许，美国儿童作家。

著有《月亮，生日快乐》《房子，再见》等。

　　有只小熊，第二天过生日。它忽然想起来，该去问问月亮什么时候过生日。

　　晚上，月亮出来了。小熊爬上树，对月亮叫："喂！"

　　月亮不回答，小熊想：我离月亮太远了，它听不见。

　　小熊就走到山里。它爬到一座最高的山上。现在，离月亮近些了。它对月亮叫："喂！"远远传来一声："喂！"小熊想：月亮听见了，它在回答我呢！

　　"你好！"小熊说。

　　"你好！"月亮回答。

"你什么时候过生日?"小熊问。

"你什么时候过生日?"月亮也问小熊。

小熊说:"我明天过生日!"

月亮也说:"我明天过生日!"

"你要什么礼物?"小熊问。

"你要什么礼物?"月亮问。

"我要一顶帽子!"小熊回答。

"我要一顶帽子!"月亮回答。

"好的。"

"好的。"

第二天,小熊到店里给月亮买了一顶最好看的帽子。

晚上,月亮又升起来了,它正好停在小熊家门前的树上。小熊爬上树,把帽子给月亮戴好,就去睡觉了。

一阵风吹来,帽子落到了地上。

早晨,小熊开门,看见门口有一顶漂亮的帽子。"哦,这准是月亮给我的生日礼物,它知道我也想要一顶帽子的。"小熊自言自语着,把帽子戴在自己头上,就出去玩了。

一阵大风吹来,把小熊的帽子吹到了小河里,沉下去了。小熊很难过。

晚上,它又到山里去了。它站在老地方,对月亮说:"对不起,我把你送给我的帽子弄丢了。"

"对不起,我把你送给我的帽子弄丢了。"月亮也说。

小熊说："不要紧，我还是爱你。"

月亮也说："不要紧，我还是爱你。"

"祝你生日快乐！"小熊说。

"祝你生日快乐！"小熊听着月亮的祝福，高高兴兴
地回家了。

（选自《为我唱首歌吧》）

虚 荣

夏雨农

作者介绍

夏雨农，作者情况不详。

有一天，狐狸独自一个出来找寻食物，它想："要是我今天再找不着食物，恐怕将要饿死了。"原来它已经有两天没有吃东西哩！

走啊，走啊，不觉走到了一片草地上，见一只小兔子正在那里跳舞。狐狸想："我是多么幸运啊！这真是我的好点心哩。"它慢慢地跑到小兔子面前，装着和蔼的模样说："我的兔弟弟，你好吗？"

懦弱的小兔子一见狐狸，吓得停止了跳舞，转身就想逃走。

狐狸说："我的兔弟弟，不要这样怕呀，你不知道我

们是表兄弟吗？你刚才跳舞的姿态，美丽极了，我看了非常快乐。现在，你能再跳一回给我看看吗？"

不小心的小兔子，听了几句赞美的话，以为狐狸是没有恶意的，于是仍旧跳起舞来了。

狐狸说："这是多么好看呀！但是我知道，你母亲跳得比你更好！是什么缘故呢？因为你的母亲跳舞时，两只眼睛是紧紧闭着的，假使你也闭上两只眼睛，你的姿态一定会更美丽。"

那只愚笨的小兔子，听了狐狸的话，自信自己的舞确实跳得很好，于是便闭上眼睛，又跳起舞来。不料正在这个当儿，那狡猾的狐狸，就飞也似的扑上去，将小兔子捉住，拖进洞里去大嚼了。

可怜的小兔子啊，就做了狐狸的一顿点心！

写于 1930 年

（选自《小朋友》第 437 期）

虚
荣

小马过河

彭文席

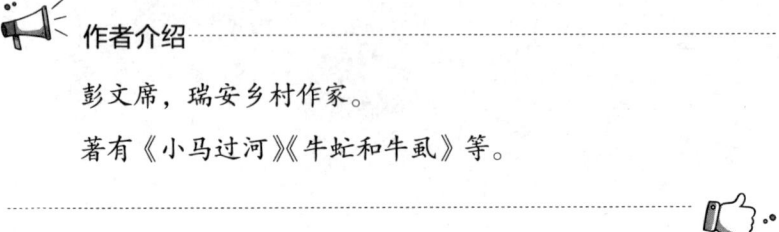

作者介绍

彭文席，瑞安乡村作家。

著有《小马过河》《牛虻和牛虱》等。

有一座小山旁边，住着一匹老马和一匹小马。小马整天跟着妈妈，从来不肯离开一步。

有一天，妈妈对小马说：

"宝宝，你现在已经是个大孩子了。你能帮助妈妈做点事吗？"

小马点了点头说：

"怎么不能呢！我可喜欢做事啦。"

妈妈听了，高兴地笑着说：

"宝宝真是好孩子。那么，你就把这袋麦子背到磨坊里去吧。"

妈妈说着，就把一袋麦子放在小马的背上。

小马试了试，一点儿也不重。可是小马对妈妈说：

"妈妈，你跟我一块儿去好吗？"

妈妈说：

"怎么，妈妈要是能够跟你一块儿去，还要你帮什么忙呢？快点去吧！早点去早点回来，妈妈等着你吃饭。"

小马独个儿背着麦子向磨坊走去。

从小马的家到磨坊，要趟过一条小河。小马走到小河边，看见河水挡在前面哗啦哗啦地响着，心里有点怕了。

"过去呢，还是不过去呢？妈妈不在身边，怎么办啊？"小马想着，就回过头去朝后望。他希望这时候妈妈跑来就好了。

可是他没有看到妈妈的影子，他只看见老牛伯伯在河边吃草。于是小马连忙"的嗒的嗒"地跑过去，问牛伯伯：

"牛伯伯，请你告诉我，我能过河去吗？"

牛伯伯回答说：

"水很浅呐。还不到我的小腿那么深，怎么不能过去呢？"

小马听了，立刻就朝小河跑去。

"喂！慢点跑，慢点跑！"

咦！是谁在说话呢？

小马停住脚抬头一看，原来是一只小松鼠。

小松鼠蹲在一棵大松树上，摇着大尾巴，对小马说：

"小马，你可别听老牛的话。水很深，一下水就会淹死的！"

小马问松鼠：

"你怎么知道水很深呢？"

小松鼠说：

"我怎么不知道呢。昨天，我们的一个同伴过河，就给大水冲跑了！"

小马说：

"那牛伯伯为什么说水很浅呢？"

小松鼠说：

"浅？浅，怎么会把我们的同伴冲跑了呢？你可别听老牛的话！"

小河里的水到底是深呢，还是浅呢？小马没有主意了。

"唉！还是回家去问问妈妈吧。"小马甩了甩尾巴，"的的嗒嗒"地又往家里跑。

妈妈看见小马回来了，奇怪地问：

"咦！你怎么就回来了呢？"

小马很难为情地说：

"河里的水很深，过……过不去……"

妈妈说：

"怎么会很深呢？昨天小驴叔叔还到河那边驮了好几趟柴呢。他说河水只齐到他肚子那儿，很浅。"

"是这样……老牛伯伯也说水很浅。他说只到他小腿那儿……"

"那么你为什么不过去呢？"

"可是……松鼠说……水很深，昨天，他的一个同伴过河，给河水冲走了。"

"那么到底是深呢，还是浅呢？你仔细想过他们说的话吗？"

"想了一下，可是没有仔细想，不知道他们俩谁说得对。"

妈妈笑了。妈妈说：

"你现在仔细想想看：牛伯伯有多高多大，小松鼠又有多高多大；你再把小松鼠和你自己比一比：你有多高多大，小松鼠又有多高多大，你就知道能不能过河了。"

小马听了妈妈的话，高兴地跳起来。他说：

"明白了，明白了，河里水不深，我过得去。唉！我刚才怎么不仔细想想呢！"

小马说着，就连蹦带跳地朝河边跑去。

小马一口气跑到河边，立刻跳到水里。河水刚好齐到小马的膝盖，不像老牛伯伯说的那么浅，也不像小松鼠说的那么深。

　　小马背着麦子，很快活地蹚着水，"扑通扑通"地过了河，到磨坊去了。

（选自《小马过河》）

小鱼儿

[英]莉·佩格　著　王志冲　译

作者介绍

莉·佩格，作者情况不详。

　　从前，池塘里有条小鱼儿。这是一条快快活活的小鱼儿，它整天忙着挥动小尾巴，噗呖噗啦，噗呖噗啦。

　　这一天，风和日丽，有个小姑娘朝池塘边走来。她一只手拿着长竹竿，竹竿的一头绕着细绳子；另一只手拿着空玻璃瓶，这瓶子原先是装蜜饯的。小姑娘在草地上坐下，把两只光脚伸进池水。小鱼儿在她脚边游过。

　　小姑娘又活泼又可爱，心肠也挺好。今天，她真希望小鱼儿听话，跟她一块儿玩。她把绳子抛进水里，尽量抛得远些。

　　小鱼儿吓坏了，赶紧游到水底。

　　小姑娘招呼小鱼儿："哎，抓住细绳子呀！我把你从水里拉出来，让你住在玻璃瓶里。"

　　可小鱼儿不愿意。小姑娘用细绳子绑住玻璃瓶，把瓶沉下去。

　　噗呖噗啦，噗呖噗啦。

　　小鱼儿又活泼又可爱，不知怎么回事，真的游到瓶子里啦！

　　小姑娘赶紧连瓶子带小鱼儿提了起来。

　　哦，小鱼儿在打圈子，游得多快呀！它一会儿张嘴，一会儿闭嘴；一会儿张嘴，一会闭嘴……

　　小姑娘吻吻瓶子："我的宝贝小鱼儿，我吻你了。"

　　可是没多大会儿，小鱼儿越游越慢，越游越慢。后来，它索性沉在瓶底儿歇着了。

　　"它准是累了，"小姑娘发愁了，"可怜的小宝贝。"

　　过了两三分钟，小鱼儿仍然呆呆的，一动不动。小姑娘更发愁了："病了！我的小鱼儿病了！"

　　小姑娘想：我放它回去吧，池塘里准会有鱼大夫给它治病的！小姑娘小心地把小鱼儿放进池塘。小鱼儿欢快地朝自己的鱼朋友们游去了。

　　噗呖噗啦，噗呖噗啦。

　　小姑娘扑倒在草地上，对着小鱼儿钩钩手指："你病好了吗？哎，游到这边来呀！"

　　可小鱼儿不愿意。

　　"没关系，"小姑娘说，"我不生你的气。是呀，我不晓得怎样使你高兴，也不晓得喂你吃些什么东西，那怎么可以硬把你留在身边呢？小鱼儿，这样吧，我去问妈妈，应该怎样照管你，然后再来找你。你别游得太远啦！"

　　后来，小姑娘也许又来这里找到了这条小鱼儿，也许没有找到……

（选自《永远的布谷鸟》）

萝卜回来了

方轶群

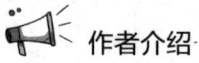

作者介绍

方轶群，作家。

著有《方轶群作品选》；童话集《萝卜回来了》等。

　　雪这么大，天气这么冷，地里、山上都盖满了雪。小白兔没有东西吃了，饿得很。他跑出门去找。

　　小白兔一面找一面想："雪这么大，天气这么冷，小猴在家里，一定也很饿。我找到了东西，去和他一起吃。"

　　小白兔扒开雪，嘿，雪底下有两个萝卜。他多高兴呀！

　　小白兔抱着萝卜，跑到小猴家，敲敲门，没人答应。小白兔把门推开，屋里一个人没有。原来小猴不在家，也去找东西吃了。

小白兔就吃掉了小萝卜，把大萝卜放在桌子上。

这时候，小猴在雪地里找呀找，他一面找一面想："雪这么大，天气这么冷，小鹿在家里，一定也很饿。我找到了东西，去和他一起吃。"

小猴扒开雪，嘿，雪底下有几颗花生。他多高兴呀！

小猴带着花生，向小鹿家跑去。跑过自己的家，看见门开着，他想："谁来过啦？"

他走进屋子，看见萝卜，很奇怪，说："这是哪儿来的？"他想了想，知道是好朋友送来的，就说："把萝卜也带去，和小鹿一起吃！"

小猴跑到小鹿家，门关得紧紧的。他跳上窗台一看，屋子里一个人也没有。原来小鹿不在家，也去找东西吃了。

小猴就把萝卜放在窗台上。

这时候，小鹿在雪地里找呀找，他一面找一面想："雪这么大，天气这么冷，小熊在家里，一定也很饿。我找到了东西，去和他一起吃。"

小鹿扒开雪，嘿，雪底下有一棵青菜。他多高兴呀！

小鹿提着青菜，向小熊家跑去。跑过自己的家，看见雪地上有许多脚印，他想："谁来过啦？"

他走近屋子，看见窗台上有个萝卜，很奇怪，说：

"这是从哪儿来的?"他想了想,知道是好朋友送来给他吃的,就说:"把萝卜也带去,和小熊一起吃!"

小鹿跑到小熊家,在门外叫:"开门! 开门!"屋子里没有人答应。原来小熊不在家,也去找东西吃了。

小鹿就把萝卜放在门口。

这时候,小熊在雪地里找呀找,他一面找一面想:"雪这么大,天气这么冷,小白兔在家里,一定也很饿。我找到了东西,去和他一起吃。"

小熊扒开雪,嘿,雪底下有一只白薯。他多高兴呀!

小熊拿着白薯,向小白兔家跑去。跑过自己的家,看见门口有个萝卜,他很奇怪,说:"这是从哪儿来的?"他想了想,知道是好朋友送来给他吃的,就说:"把萝卜也带去,和小白兔一起吃!"

小熊跑到小白兔家,轻轻推开门。这时候,小白兔吃饱了,睡得正甜哩。小熊不愿吵醒他,把萝卜轻轻放在小白兔的床边。

小白兔醒来,睁开眼睛一看:"咦! 萝卜回来了!"他想了想,说:"我知道了,是好朋友送来给我吃的。"

(选自《中国经典童话》)

老鼠嫁女儿

鲁　风

作者介绍

鲁风，当代作家。

著有《鲁风作品选》等。

哩哩啦，哩哩啦……敲锣鼓，吹喇叭，老鼠家里办喜事，有个女儿要出嫁。

"女儿嫁给谁?"妈妈问爸爸。

爸爸是个老糊涂，他说："谁神气就嫁给他。"

爸爸就去找太阳，太阳说："乌云要遮我，乌云来了我害怕。"

爸爸又去找乌云。乌云说："大风要吹我，大风来了我害怕。"

爸爸又去找大风。大风说："围墙要堵我，我见围墙

就害怕。"

爸爸又去找围墙，围墙说："老鼠会打洞，老鼠来了我害怕。"

太阳怕乌云，乌云怕大风，大风怕围墙，围墙怕老鼠，老鼠怕谁呀？爸爸乐得笑哈哈，"原来猫咪最神气，女儿应该嫁给他。"

哩哩啦，哩哩啦……敲锣鼓，吹喇叭，老鼠女儿坐花轿，一抬抬到猫咪家。

老鼠爸爸，老鼠妈妈，第二天去看女儿，咦，女儿不见啦，"女儿在哪？女儿在哪？"猫咪说："我怕人家欺负她，啊呜一口就吞下。"

（选自《中国原创图画书·老鼠嫁女》）

妈妈，我不是最弱小的

［苏联］苏霍姆林斯基　著　佚名　译

 作者介绍 ··

苏霍姆林斯基，苏联著名教育实践家、教育理论家。

著有《给教师的建议》《把整个心灵献给孩子》《和青年校长的谈话》等。

有一次，有一家人全家在假日里到森林中去：父亲、母亲、五年级学生托利亚和四岁的萨沙。森林里是那么美好，那么欢快，孩子们的父母让他们看看盛开着铃兰花的林中旷地。

林中旷地附近长着一丛丛野蔷薇，第一朵花开放了，粉红粉红的，芬芳扑鼻。

全家人都坐在灌木附近。父亲在看一本有趣的书。突然雷声大作，飘下几滴雨点，接着大雨如注。

　　托利亚把自己的雨衣给了妈妈，虽然她并不怕淋雨；而妈妈却又把雨衣给托利亚，虽然她也并不怕淋雨。

　　萨沙问道："妈，托利亚把自己的雨衣给您，您又把雨衣给托利亚，托利亚又把雨衣给我穿上，你们干吗这样做呢？""每个人都应该保护更弱小的人。"妈妈回答说。"那么，我干吗又保护不了任何人呢？"萨沙问道："就是说，我是最弱小的人啰？""要是你谁也保护不了，那你真是最弱小的人！"妈妈笑着回答说。

　　他朝蔷薇丛走去，掀起雨衣的下部，盖在粉红的蔷薇花上；滂沱大雨已经冲掉了两片蔷薇花瓣，花儿低垂着头，因为它娇嫩纤弱，毫无自卫能力。"现在我该不是最弱小的吧，妈妈？"萨沙问道。"是呀，现在你是强者，是勇敢的人啦？"妈妈这样回答他。

（选自 2010 年《开心学作文：小学版》第 3 期）

妈妈的礼物

［美］威廉·麦加菲　著　张丽雪等　译

作者介绍

威廉·麦加菲，美国著名教育家。

杰西和妈妈开了一个很棒的玩笑，让我讲给你们听。

杰西、杰米和乔一起到树林里去采集圣诞节时装饰房间用的绿色树枝。

杰西戴着小帽子，身穿白色皮大衣和红色的套裤。杰西原本是一个快乐的小女孩，但是那天早晨她感到很难过，因为妈妈说："所有的孩子都会得到圣诞礼物，但我作为妈妈就得不到了，因为今年我们太穷了。"

杰西把妈妈的话告诉了自己的兄弟们，他们为此在一起展开了很长时间的讨论。

杰米说："如此慈爱的妈妈竟然没有圣诞礼物，这简

直太糟糕了！"

　　"我不喜欢这样。"小杰西含着眼泪说。

　　"噢！她有你呀！"乔说。

　　"但我并不是什么新鲜的东西呀！"杰西说。

　　"等你再回到家的时候，你就会是新的了。"乔说，"因为她已经有一个小时没有看到你了。"

　　杰西边跳边笑："那就把我放进篮子里带给妈妈吧！就当我是她的圣诞礼物吧！"

　　于是，他们把杰西放进篮子里，在她的周围放满绿色的树枝。这真是一次快乐的旅行。他们把篮子放在门口的台阶上，然后进门对妈妈说："妈妈，外面有一份给您的圣诞礼物。"

　　妈妈跑出去一看，她的小女儿正坐在一篮绿树枝中冲她笑呢！"这正是我最想要的。"妈妈说。

　　"亲爱的妈妈，"杰西从树叶巢中跳出来说，"我觉得，对妈妈们来说，每天都应该是圣诞节，因为她们每天都可以看到自己的小女儿呀！"

（选自《树叶的香味》）

丁一小写字

任溶溶

 作者介绍

任溶溶，著名翻译家、儿童文学作家。

著有童话集《"没头脑"和"不高兴"》；儿童诗集《小孩子懂大事情》等。

丁一小写字，写来写去写不好。"对了，是我的纸不好！"于是，他把姐姐的纸拿来写。

他用姐姐的纸写字，写来写去写不好。"对了，是我的笔不好！"于是，他把姐姐的笔拿来写。

他用姐姐的纸、姐姐的笔写字，写来写去写不好。"对了，是我的位子不好！"于是，他坐到姐姐的位子上去写字。

他用姐姐的纸、姐姐的笔，坐在姐姐的位子上写字，

写来写去还是写不好。"我还有什么东西不好呢?"

　　姐姐拿起丁一小丢掉的纸，拿起丁一小丢掉的笔，坐在丁一小的位子上，身子一动不动，认真地、一笔一笔地写字。瞧，她写的字多好!

　　丁一小明白了:"不是我的纸、我的笔、我的位子不好，是我自己不好。"

　　他像姐姐一样，身子一动不动，认真地、一笔一笔地写字。瞧，他写的字也好了。

　　　　　　　　　　　　　　(选自《没有不好玩的时候》)

悲　伤

［瑞士］安德烈·布鲁斯　著　傅大伟　译

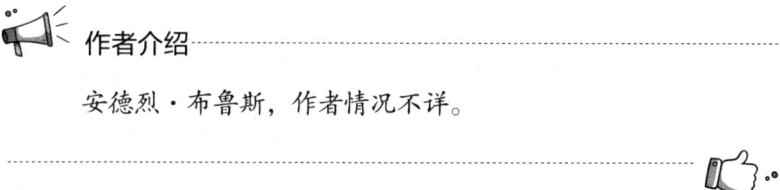

作者介绍

安德烈·布鲁斯，作者情况不详。

　　今天早晨，兔子先生死了。他是我的宠物，也是我最好的朋友。我哭了那么长时间，因为我知道，我再也不会见到他了。爸爸告诉我，兔子先生的年龄太大了，他犹如秋天里飘落的树叶，任何人、任何事物都有自己的季节。

　　他还对我说，我们在一起生活了多久并不重要，重要的是我们相处得如何。兔子先生活了很长时间，给我们一家人带来了很大的快乐。我和他在一起玩得很开心。

悲伤

　　我希望，无论兔子先生现在在什么地方，他都会过得愉快，并且记得我，因为我永远也不会忘记他。

（选自《读者》总 193 期）

我们奇妙的世界

[英]彼得·西摩　著　马　丽　译

 作者介绍

彼得·西摩，英国作家。

著有《这个世界真奇妙》等。

　　这个奇妙的世界里充满了宝藏——各种颜色、各种形状、各种尺寸、各种体积的宝藏，这些都需要我们去寻找。

　　天空向我们展示了许多宝藏。

　　清晨，我们看到了日出，带给新的一天光明。开始天空呈粉红色，慢慢地变成了蔚蓝色，太阳就像一个大火球一样升起来了。

　　有时，云彩在蓝色的天空中飞行，它们就像经过雕饰一样，呈现出各种奇妙的形状，这会告诉我们许多奇妙的故事……

当云彩变得又黑又重时，雨点就会噼啪地降落到大地上。

雨后，我们会看到地上有许多水洼，它们就像许多有趣的镜子一样，反射着我们的脸。

一天结束了，落日的余晖不时地变幻着颜色，好像上帝在天空涂上了金色、红色和紫色。

黑夜降临了，我们看见夜空中有群星在闪烁，就像千千万万支极小的蜡烛在发光。

地球也向我们展示了许多隐藏的财富。

我们能看到植物生长的奇迹——极小的一粒种子种到地里，生根、发芽，不久就开花了，花很漂亮。

我们能看到各种水果诱人的颜色，圆润的鲜红色的樱桃果，深紫色的李子，浅黄色的梨。

夏日，我们在大树下乘凉，我们会感叹，树叶带给我们这么多绿荫。

秋天，带着金黄色的光辉神奇地来到了，那时，我们的道路好像洒满了光芒。蝴蝶张开漂亮的翅膀在空中翩翩起舞。

鸟儿为建造它们的房子，衔着泥土振翅飞翔。

我们感到秋风劲吹——树枝颤动、树叶飘落。

冬天，我们看到了冰雪，它们好像一把把锋利的刀剑在阳光下闪耀，等到雪融化时，从房檐上落下的每一滴水，都像一个透明的玩具气球。

　　只要我们仔细地观察、寻找，我们就能从极普通的事物中找到美——各种各样、不同形状的卵石，三桅小船的模型，各种颜色的羽毛。

　　是的，世界上存在的奇妙的事物是无穷的，只要我们去寻找。

　　　　　　　　　　　　（选自《这个世界真奇妙》）

我们奇妙的世界

狄更生诗歌两首

[美] 狄更生　著　王晋华　译

📢 作者介绍

艾米莉·狄更生，美国著名女诗人。

著有《放下木闩啊，死神》《一只小鸟沿小径走来》等。

其　一

没有人知道这朵小小的玫瑰——
它可能只是花儿沦落在郊野
如若不是我从蹊径边把它摘下
将它举到你的面前。
只有蜜蜂会对它思念——
只有蝴蝶，

从远途匆匆地飞来——
在它的花芯上落卧——
只有鸟儿会诧异——
只有风儿会叹嗟——
啊，小小的玫瑰——你的
花儿多么容易凋谢！

其 二

草莓的枝儿
探过了——篱笆——
我能爬过——
树篱——如果我去试的话——
草莓的味道多香甜！

可是倘若我弄脏了我的围裙——

上帝一定会把我责骂!

噢，天呀! ——我猜想如果他是个男孩——

如果他能——他也会——去爬!

（选自《狄更生诗歌精选》）

我多么希望

[苏联] 索科洛夫　著　马逸若　译

 作者介绍

索科洛夫，苏联作家。
著有《我多么希望》等。

我多么希望，这几行诗
忘记它们自己是一些字，
而成为湿润的林荫道上的树木、
天空、清风和房子。

但愿翻开书页，
就像打开一扇窗，
能听到鸟鸣，看到阳光，
闻到生活气息的芬芳。

晚　春

唐·韩　愈

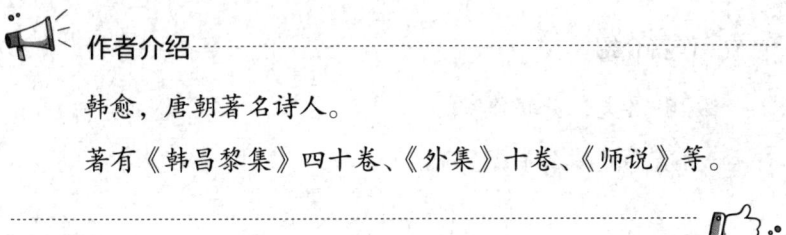

作者介绍

韩愈，唐朝著名诗人。

著有《韩昌黎集》四十卷、《外集》十卷、《师说》等。

草树知春不久归，

百般红紫斗芳菲。

杨花榆荚无才思，

惟解漫天作雪飞。

（选自《韩愈全集》）

贞溪初夏

元·邵亨贞

 作者介绍

邵亨贞，元代文学家。

著有《野处集》4卷、《蚁术诗选》1卷、《蚁术词选》4卷。

楝花风起漾微波，
野渡舟横客自过。
沙上儿童临水立，
戏将萍叶饲新鹅。

（选自《蚁术诗选》）

乡村四月

宋·翁 卷

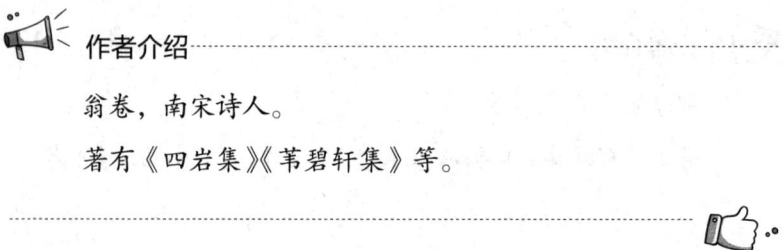

作者介绍

翁卷，南宋诗人。

著有《四岩集》《苇碧轩集》等。

绿遍山原白满川，

子规声里雨如烟。

乡村四月闲人少，

才了蚕桑又插田。

（选自《翁卷集笺注》）

病 牛

宋·李 纲

 作者介绍
李纲，北宋末、南宋初抗金名臣。
著有《梁溪集》等。

耕犁千亩实千箱，
力尽筋疲谁复伤？
但得众生皆得饱，
不辞羸病卧残阳。

（选自《李纲全集》）

社 日

唐·王 驾

作者介绍

王驾,晚唐诗人。

著有《社日》《雨晴》等。

鹅湖山下稻粱肥,
豚栅鸡栖半掩扉。
桑柘影斜春社散,
家家扶得醉人归。

（选自《全唐诗》）

所 见

清·袁 枚

 **作者介绍**

袁枚，清代诗人、散文家。

著有《小仓山房文集》《子不语》《随园诗话》《祭妹文》等。

牧童骑黄牛，
歌声振林樾。
意欲捕鸣蝉，
忽然闭口立。

（选自《袁枚诗选》）

村 居

清·高 鼎

作者介绍

高鼎，清代后期诗人。

著有《拙吾诗稿》等。

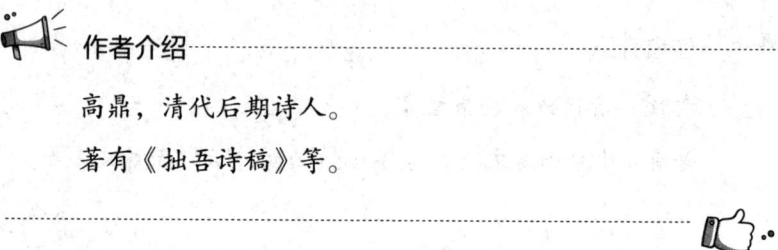

草长莺飞二月天，

拂堤杨柳醉春烟。

儿童散学归来早，

忙趁东风放纸鸢。

（选自《拙吾诗稿》）

慈仁寺荷花池

清 · 何绍基

作者介绍

何绍基，晚清诗人、画家、书法家。

著有《惜道味斋经说》《说文段注驳正》《东洲草堂诗钞》等。

坐看倒影浸天河，
风过栏干水不波。
想见夜深人散后，
满湖萤火比星多。

（选自《东洲草堂诗集》）

吴兴杂诗

清·阮 元

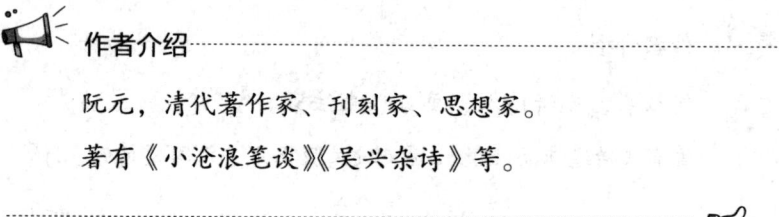

作者介绍

阮元，清代著作家、刊刻家、思想家。
著有《小沧浪笔谈》《吴兴杂诗》等。

交流四水抱城斜，
散作千溪遍万家。
深处种菱浅种稻，
不深不浅种荷花。

（选自《常用古诗》）

新安滩

清·黄景仁

 作者介绍

黄景仁，清代诗人。

著有《两当轩全集》等。

一滩复一滩，

一滩高十丈。

三百六十滩，

新安在天上。

（选自《黄景仁诗选》）

田舍夜春

明·高 启

📢 作者介绍
高启，元末明初著名诗人。
著有《高太史大全集》《凫藻集》等。

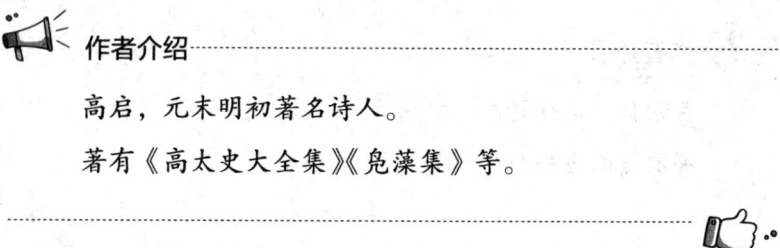

新妇春粮独睡迟，
夜寒茅屋雨来时。
灯前每嘱儿休哭，
明日行人要早炊。

（选自《高启诗选》）

绝 句

清·吴嘉纪

作者介绍

吴嘉纪，明末清初著名诗人。

著有《陋轩诗集》等。

白头灶户低草房，
六月煎盐烈火旁。
走出门前炎日里，
偷闲一刻是乘凉。

（选自《吴嘉纪诗笺校》）

柳

胡怀琛　编

 作者介绍 ···

　　胡怀琛，现代诗人，学者。

　　著有《大江集》《新诗概说》《中国文学史概要》《国学概论》《南社始末》等。

··

　　柳叶片片，像人的眼；柳枝垂下，像女孩披着头发。

　　风来了，枝摇摇，叶也摇摇，柳树点点头。

　　风来了，枝摇摇，叶也摇摇，柳树鞠鞠躬。

　　风来了，枝摇摇，叶也摇摇，柳树摆摆手。

　　风来了，枝摇摇，叶也摇摇，还有许多小花，随风飘飘。

　　柳花像轻球，忽上忽下，散在空中飞。柳花像白絮，纷纷扑下，紧贴在人的衣上。

　　天冷了，柳叶落了，只剩下着树枝。风来了，那柳

树好看的姿势，不知往哪里去了。

（选自《新撰国文教科书（初小）》第五册第二十五课）

柳

你问我

沈百英　编

📢 作者介绍

沈百英，教育工作者。

著有《六个矮子》《十个小朋友》等。

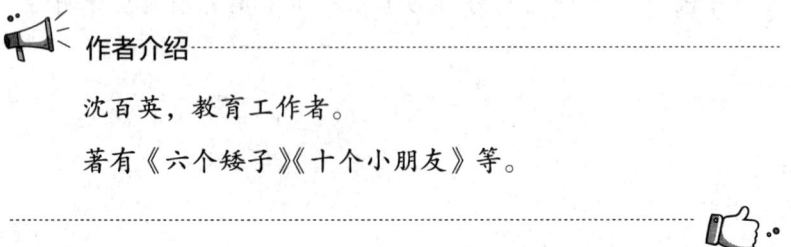

风啊！风啊！我问你：
你在空中吹，好像很得意。
我要看你看不见，究竟隐藏在哪里？
你有时声音响，有时声音低，
发的是什么脾气？

月啊！月啊！我问你：
你在天上走，好像很得意。
白天你在哪里住，怎么不能看见你？

你有时脸儿大，有时脸儿小，
耍的是什么把戏？

雨啊！雨啊！我问你：
你在空中飘，好像很得意。
晴天你在哪里住，怎么不能找着你？
你有时点儿大，有时点儿小，
为的是什么道理？

水啊！水啊！我问你：
你在河里流，好像很得意。
招你停留不停留，急急忙忙往哪里？
你有时涨得高，有时落得低，
做的是什么事体？

（选自《基本教科书国语》第四册第三十一课）

冬至和夏至的谚语

胡贞惠　编

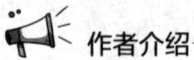

作者介绍

胡贞惠，学者。

与王云玉等人合作编辑过《新时代国语教科书》等民国教科书。

中国的节令，向来以冬至、夏至为标准。从前一年的冬至，到第二年的夏至，这六个月的天气，是由冷而热。由本年的夏至，到本年的冬至，这六个月的天气，是由热而冷。

旧有冬至夏至谚，流传民间，很是有趣。那谚语道：

冬至后：一九至二九，相唤不出手。

三九二十七，篱头吹筚篥。

四九三十六，夜眠如露宿。

五九四十五，太阳开门户。

六九五十四，和尚不出寺。

七九六十三，布被两头摊。

八九七十二，猫狗寻阴地。

九九八十一，犁耙一齐出。

夏至后：一九至二九，扇子不离手。

三九二十七，吃茶如蜜汁。

四九三十六，争相露头宿。

五九四十五，树头秋叶舞。

六九五十四，乘凉不入寺。

七九六十三，夜眠寻被单。

八九七十二，思量盖夹被。

九九八十一，家家打灰尘。

（选自《新时代国语教科书》第二册第二十二课）

三个头

陈鹤琴、陈剑恒　主编

 **作者介绍**

　　陈鹤琴，近现代教育家，著有《陈鹤琴全集》。

　　陈剑恒，近现代教育家，著有《中国往何处去》等。

　　今天，我们开了一个演说竞赛会，每人都上台演说。结果，周老师说余德全的演说最好，优胜锦标就给余德全得去了。

　　余德全演说的题目是"三个头"。这是一个新鲜而有趣的题目，无怪他得了优胜锦标。

　　现在我把余德全的演说词，记录在下面：

　　诸位同学！谁会有三个头？谁要有三个头？谁有三个头，谁就能够办理一切伟大的事业。

　　我所说的三个头，并不是在原有的头上，再生出两

个头来。要是那样，岂不是成了妖怪么？我说的是我们
要有强硬的"拳头"，锐利的"笔头"和灵活的"舌头"。

　　"拳头"可以代表身体；强硬的"拳头"，可以代表
健康的身体。一个人必须有了健康的身体，才能够担负
起重大的责任来。不然，身体虚弱，精神萎靡，虽有高
深的学识和宏大的志愿，怎能胜任呢？我们学校里，每
学期都要开一次运动会，就是希望我们养成强硬的"拳
头"！这是我所说的第一个头。

　　"笔头"的用处，也是非常之大。譬如我们有一种意
见，想贡献给大众，必须要有锐利的"笔头"。不然，虽
有很好的主张，而"笔头"来得迟钝，不能尽量发表出
来，怎能博得大众的欢迎呢？我们的老师们，平日极注

意我们的作文；而且指导我们办报，教我们练习投稿，就是希望我们养成锐利的"笔头"！这是我所说的第二个头。

"舌头"这件东西，更是我们随时随地所需要的。譬如我们意见的发表，对人交涉的胜利，都是仗着我们灵活的"舌头"。试看古今中外的外交家，能博得交涉胜利的，哪一个不是仗着灵活的"舌头"呢？所以我们学校里，为练习我们的"舌头"起见，今天特别举行演说竞赛会。这就是希望我们养成灵活的"舌头"！这是我所说的第三个头。

这三个头，我们锻炼好了，什么伟大的事业，我们都可干了。我希望大家一齐努力，把我们这三个头，统统锻炼好！

（选自《分部互用儿童教科书儿童北部国语》第六册第六课）

三个头

写日记

徐晋助　编

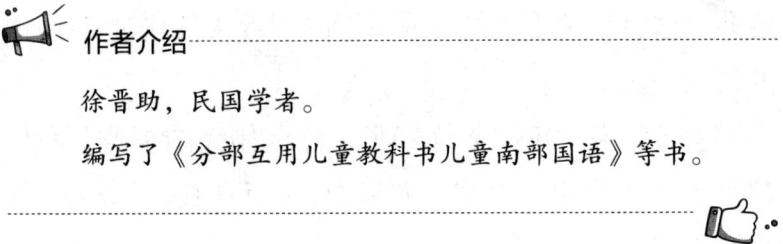

作者介绍

徐晋助，民国学者。

编写了《分部互用儿童教科书儿童南部国语》等书。

今天，姑母来看我们。姑母问我："你每天写日记没有？"我就把我每天写的日记拿给她看：

十二月二十五日

母亲带我到街上去买东西。走过一家书店，我想买一些书和文具，要求母亲一同进去。母亲走进那书店里，就替我买一盒蜡笔，一本练习簿和一册图画集。这册图画集里面，画着涂彩色的小轮船、小飞艇和小火车等，很是好看，我最喜欢。

母亲对我说："好孩子！你应该天天在练习簿上，用蜡笔画你愿意画的小轮船、小飞艇、小火车等。"

我说："好的！好的！我天天来画画。"

十二月二十六日

天一亮，我就起来。我把桌子上揩干净了，就伏在桌子上学画。

母亲醒来了，问我说："好孩子！你起得这样早，伏在桌子上玩什么？"

我笑笑说："没有玩，我在学画呢！"

母亲听了很高兴，急忙起来，看我画的图。图上我画着一只小猫坐在轮船上的模样。母亲看了，说我画得不错，叫我再画一只小猫，坐在火车里的模样。

十二月二十七日

早上一起来，看见桌子上放着一本故事书，我猜想是姐姐送给我的。打开一看，果然写着：

"送给好弟弟！你的姐姐。"

我高兴极了，连忙走到姐姐面前，说一声"谢谢"。

十二月二十八日

今天母亲生病，躺在床上没有起来。我不到外面去玩；因为我一个人出去，母亲一定要着急的。

我冷清清地坐在房里，陪着母亲，心里很不快乐。画也不愿意学了。

我想起王秀英来。因为他的母亲病死了，他婶母待他不好：好吃的糖果，他没得吃；好看的衣服，他没得穿；肚子痛了，也没有人替他抚摩。

呀！亲爱的母亲，是不应该害病的！亲爱的母亲害着病，做儿子的是多么难过呀！我希望我亲爱的母亲，病不害了，而且从此不再害病！

（选自《分部互用儿童教科书儿童南部国语》）